AF238704

/ YUMMY /

LUSTIGE SPÜLSCHWÄMME HÄKELN!

Freut Euch auf viele tolle Ideen, die frischen Wind in Eure Küche bringen. Mit Creative Bubble, dem neuen Garn mit scheuernden Eigenschaften.

In diesem Buch zeigen wir Euch, wie Ihr lustige Spülschwämme in vielen verschiedenen Formen wie Früchte, Spiegeleier, Eistüten, Donuts oder Hamburger häkeln könnt. Es sind von ganz einfach bis kompliziert viele tolle Muster dabei.
Die witzigen und coolen Küchendekostücke sind dabei nicht nur schön anzusehen, sie lassen sich mit wenig Aufwand häkeln und tun fröhlich ihren Dienst beim Abwasch.

Die Modelle in diesem Buch variieren bereits in verschiedenen Farben, aber Ihr könnt die Vorlagen natürlich auch in Eurer ganz persönlichen Lieblingsfarbe häkeln, denn Creative Bubble lädt zum Experimentieren ein. Das innovative Garn ist in 12 kräftigen und pastelligen Farbtönen erhältlich – seid kreativ und lasst Eurer Phantasie freien Lauf!

Wenn man einmal angefangen hat, will man gar nicht mehr aufhören, die Küche mit den niedlichen Helfern aufzupeppen. Bestimmt freuen sich auch Freunde oder Familie über eins dieser selbstgemachten Geschenke!

Viel Freude beim kreativen Handarbeiten wünscht Euch Euer Rico Design Handstrick Team

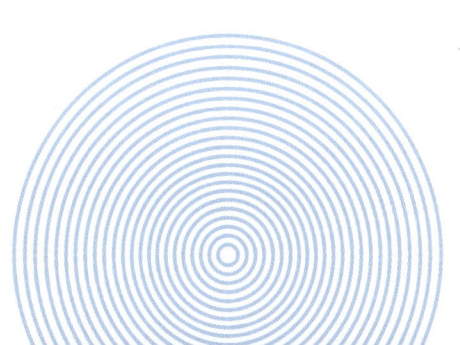

HAMBURGER

GRÖSSE
12 x 13 cm

MATERIAL
Rico Creative Bubble
Farbe 010 (Puder) 50 g, Farbe 009 (Grün) 50 g,
Farbe 006 (Rot) 50 g, Farbe 002 (Gelb) 50 g
Rico Häkelnadel 4 mm

GRUNDMUSTER
FESTE MASCHEN

MASCHENPROBE IM GRUNDMUSTER
20 M und 22 R = 10 x 10 cm

ANLEITUNG (2X HÄKELN)
20 LM + 1 Wende-LM in Puder anschlagen und wie
folgt weiterhäkeln:
1. R: Fe M häkeln. **2. – 3. R:** Die erste und letzte M
verdoppeln = 24 M. **4. – 5. R:** Ohne Zunahmen fe M
häkeln. Den Faden abschneiden und durch die letzte
M ziehen. Zu Gelb wechseln und wie folgt arbeiten:

1. R: 1 M übergehen, 22 fe M häkeln und die Arbeit
wenden = 22 M. **2. R:** Fe M häkeln. **3. R:** 2 LM, 3 Stb,
5 KM, 4 Stb, 3 KM, 2 Stb, 2 KM, 3 Stb = 22 M. Den
Faden abschneiden und durch die letzte M ziehen. Zu
Grün wechseln und 4 LM + 1 Wende-LM anschlagen,
dann wie folgt über die gelbe Kante häkeln: **1. R:** 7 fe M,
2 Stb, 2 fe M, 3 Stb, 4 fe M, 5 Stb, 3 fe M, 3 LM + 1
Wende-LM neu dazu anschlagen = 29 M. **2. – 3. R:** Fe M
häkeln. Den Faden abschneiden und durch die letzte M
ziehen. Zu Rot wechseln und wie folgt arbeiten:
1. R: 3 M übergehen, 22 fe M häkeln und die Arbeit
wenden = 22 M. **2. R:** Fe M häkeln. **3. R:** 6 fe M, 10 KM,
6 fe M. Den Faden abschneiden und durch die letzte M
ziehen. Zu Puder wechseln und wie folgt arbeiten:
1. R: 6 KM, 10 fe M, 6 KM. **2. R:** Fe M häkeln. **3. R:** Die
ersten und letzten beiden M zus. abm. = 20 M.
4. R: Ohne Abnahmen fe M häkeln. **5. R:** Die ersten und
letzten beiden M zus. abm. = 18 M. **6. R:** Die ersten und
letzten beiden M zus. abm. = 16 M. **7. R:** Die ersten und
letzten beiden M zus. abm. = 14 M. **8. R:** Die ersten und
letzten beiden M zus. abm. = 12 M. **9. R:** Die ersten und
letzten beiden M zus. abm. = 10 M. **10. R:** Die ersten und
letzten beiden M zus. abm. = 8 M. Den Faden ab-
schneiden und durch die letzte M ziehen.

FERTIGSTELLUNG
Die beiden Häkelstücke aufeinander legen und
in den jeweils passenden Farben mit KM zusam-
menhäkeln, dabei den Salat an den Seiten hängen
lassen. An der Spitze für den Aufhänger 12 LM
in Puder arbeiten und den Aufhänger mit 1 fe M
am Schwamm fixieren. Alle Fäden vernähen. Den
Schwamm anfeuchten, in Form ziehen und trocknen
lassen.

DONUTS

GRÖSSE
Ø ca. 14 cm

MATERIAL
Rico Creative Bubble
Farbe 010 (Puder) 50 g, Farbe 001 (Weiß) 50 g
Wollreste: Farbe 004 (Pink), Farbe 009 (Grün),
Farbe 002 (Gelb), Farbe 007 (Hellblau)
[Farbe 010 (Puder) 50 g, 004 (Pink) 50 g
Wollreste: Farbe 001 (Weiß), Farbe 009 (Grün),
Farbe 002 (Gelb), Farbe 007 (Hellblau)]
Rico Häkelnadel 4 mm

GRUNDMUSTER
FESTE MASCHEN

MASCHENPROBE
20 M und 22 Rd = 10 x 10 cm

ANLEITUNG
Donut (2x häkeln)
In Puder 23 LM anschlagen, mit 1 KM zur Rd
schließen und in Spiralen weiterarbeiten.
1. Rd: 24 fe M häkeln. **2. Rd:** Jede 2. M verdoppeln,
d. h. in jede 2. M der Vorrunde 2 fe M häkeln = 36 M.
3. Rd: Ohne Zunahmen fe M häkeln. **4. Rd:** Jede
3. M verdoppeln, d. h. in jede 3. M der Vorrunde
2 fe M häkeln = 48 M. **5. Rd:** Ohne Zunahmen fe M
häkeln. **6. Rd:** Jede 3. M verdoppeln, d. h. in jede
3. M der Vorrunde 2 fe M häkeln = 64 M. **7. Rd:** Ohne
Zunahmen fe M häkeln. **8. Rd:** Jede 4. M verdoppeln,
d. h. in jede 4. M der Vorrunde 2 fe M häkeln = 80 M.
9. Rd: Ohne Zunahmen fe M häkeln und mit einer KM
die Spirale schließen. Den Faden abschneiden und
durch die letzte M ziehen.
Zuckerguss:
In Weiß [Pink] die 1. – 6. Rd wie den Donut häkeln.
7. Rd: Jede 32. M verdoppeln, d. h. in jede 32. M der
Vorrunde 2 fe M häkeln = 66 M. **8. Rd:** *1 fe M, 1 Stb,
1 dstb, 1 Stb, 1 fe M, 1 KM; ab * noch 10x wdh. Den
Faden abschneiden und durch die letzte M ziehen.

FERTIGSTELLUNG
Die beiden Häkelstücke des Donuts aufeinander
legen und in Puder mit KM zusammenhäkeln. Den
Zuckerguss in den übrigen Farben wie abgebildet
besticken und auf den Donut nähen. Für den
Aufhänger an der oberen Seite 12 LM in Puder häkeln
und den Aufhänger mit 1 fe M fixieren. Alle Fäden
vernähen. Den Schwamm anfeuchten, in Form ziehen
und trocknen lassen.

ANANAS / ERDBEERE

ERDBEERE
13 x 17 cm

MATERIAL
Rico Creative Bubble
Farbe 004 (Pink) 50 g, Farbe 009 (Grün) 50 g
Alternative
Farbe 006 (Rot) 50 g, Farbe 009 (Grün) 50 g
Rico Häkelnadel 4 mm

GRUNDMUSTER
STÄBCHEN

MASCHENPROBE IM GRUNDMUSTER
24 M und 8 Rd = 10 x 10 cm

ANLEITUNG
7 Stb mit Pink (Rot) in einen Fadenring häkeln, mit
1 KM zur Rd schließen und in Spiralen weiterarbeiten.
1. Rd: Alle M verdoppeln, d. h. in jede M der Vor-
runde 2 Stb häkeln = 14 M. **2. Rd:** Alle M verdoppeln,
d. h. in jede M der Vorrunde 2 Stb häkeln = 28 M.
3. Rd: Ohne Zunahmen Stb häkeln. **4. Rd:** Jede
2. M verdoppeln, d. h. in jede 2. M der Vorrunde

2 Stb häkeln = 42 M. **5. – 6. Rd:** Ohne Zunahmen Stb
häkeln. **7. Rd:** Jede 6. M verdoppeln, d. h. in jede
6. M der Vorrunde 2 Stb häkeln = 49 M.
8. – 9. Rd: Ohne Zunahmen Stb häkeln. **10. Rd:** Jede
6. und 7. M zus. abm. = 42 M. **11. Rd:** Jede 2. und
3. M zus. abm. = 28 M. **12. Rd:** Jeweils 2 M zus. abm.,
die Rd mit 1 KM schließen = 14 M. Zu Grün wechseln.
13. Rd: 2 LM, 14 Stb. Für die Zacken ab jetzt über
die nächsten 7 M mit Stb in R arbeiten. **1. R:** Jede M
verdoppeln, d. h. in jede M der Vorrunde 2 Stb häkeln
= 14 M. **2. R:** 2 Wende-LM, 1 Stb, 2 Stb zus. abm.,
1 Stb = 3 M. **3. R:** 2 Wende-LM, 3 Stb zus. abm. = 1 M.
Faden abschneiden und durch die letzte M ziehen.
Für die beiden anderen Zacken die 2. und 3. R
arbeiten, dabei jeweils 1 M zwischen den Zacken frei
lassen. Die andere Seite ebenso arbeiten.

FERTIGSTELLUNG
Jeweils 2 Zacken aufeinanderlegen und mit KM in Grün
zusammenhäkeln. Für den Aufhänger an der mittleren
Zacke der Erdbeere 12 LM häkeln. Den Aufhänger mit
1 fe M fixieren. Alle Fäden vernähen. Den Schwamm
anfeuchten, in Form ziehen und trocknen lassen.

ANANAS
9 x 18 cm

MATERIAL
Rico Creative Bubble
Farbe 002 (Gelb) 50 g, Farbe 009 (Grün) 50 g
Rico Häkelnadel 4 mm

GRUNDMUSTER
STÄBCHEN
MASCHENPROBE IM GRUNDMUSTER
24 M und 8 Rd = 10 x 10 cm

ANLEITUNG
7 Stb mit Gelb in einen Fadenring häkeln, mit 1 KM zur Rd schließen.

1. Rd: 2 LM, alle M verdoppeln, d. h. in jede M der Vorrunde 2 Stb häkeln, die Rd mit 1 KM schließen = 14 M. **2. Rd:** 2 LM, alle M verdoppeln, d. h. in jede M der Vorrunde 2 Stb häkeln, die Rd mit 1 KM schließen = 28 M. **3. Rd:** 2 LM, 3 Stb in die 1. M der Vorrunde häkeln, 2 M übergehen, in die nächsten 7 M jeweils 2 fe M, 3 M übergehen, 7 Stb in die nächste M, 3 M übergehen, in die nächsten 7 M jeweils 2 fe M, 3 M übergehen, 4 Stb in die nächste M, die Rd mit 1 KM schließen = 42 M. **4. Rd:** Ohne Zunahmen fe M häkeln. **5. Rd:** 3 fe M, *3 M übergehen, 7 Stb in die nächste M, 3 M übergehen, 7 fe M; ab * noch 2x wdh. **6. Rd:** Ohne Zunahmen fe M häkeln. **7. Rd:** *7 fe M, 3 M übergehen, 7 Stb in die nächste M, 3 M übergehen; ab * noch 2x wdh.
8. Rd: Ohne Zunahmen fe M häkeln. **9. Rd:** 1 fe M, *3 M übergehen, 7 Stb in die nächste M, 3 M übergehen, 7 fe M; ab * noch 2x wdh. **10. Rd:** Ohne Zunahmen fe M arbeiten. **11. Rd:** 1 fe M, *7 fe M, 3 M übergehen, 7 Stb in die nächste M, 3 M übergehen; ab * noch 2x wdh. **12. Rd:** Ohne Zunahmen fe M häkeln. **13. Rd:** *3 M übergehen, 7 Stb in die nächste M, 3 M übergehen, 7 fe M; ab * noch 2x wdh.
14. Rd: Ohne Zunahmen fe M arbeiten. **15. Rd:** *7 fe M, 3 M übergehen, 7 Stb in die nächste M, 3 M übergehen; ab * noch 2x wdh. **16. Rd:** Ohne Zunahmen fe M häkeln. **17. Rd:** *3 M übergehen, 7 Stb in die nächste M, 3 M übergehen, 7 fe M; ab * noch 2x wdh.
18. Rd: Über alle M fe M häkeln, dabei jede 2. und 3. M zus. abm. = 28 M. **19. Rd:** 2 LM, über alle M Stb arbeiten, dabei jeweils 2 M zus. abm., die Rd mit 1 KM schließen = 14 M. Zu Grün wechseln. **20. Rd:** 2 LM, 14 Stb. Für die Zacken ab jetzt über die nächsten 7 M mit Stb in R arbeiten. **1. R:** Jede M verdoppeln, d. h. in jede M der Vorrunde 2 Stb häkeln = 14 M.
2. R: 2 Wende-LM, 1 Stb, 2 Stb zus. abm., 1 Stb = 3 M. **3. R:** 2 Wende-LM, 3 Stb zus. abm. = 1 M. Faden abschneiden und durch die letzte M ziehen. Für die beiden anderen Zacken die 2. und 3. R arbeiten, dabei jeweils 1 M zwischen den Zacken frei lassen. Die andere Seite ebenso arbeiten.

FERTIGSTELLUNG
Jeweils 2 Zacken aufeinanderlegen und mit KM in Grün zusammenhäkeln. Für den Aufhänger an der mittleren Zacke der Ananas 12 LM häkeln. Den Aufhänger mit 1 fe M fixieren. Alle Fäden vernähen. Den Schwamm anfeuchten, in Form ziehen und trocknen lassen.

SPIEGELEI / BANANE

BANANE
10 x 19 cm

MATERIAL
Rico Creative Bubble
Farbe 002 (Gelb) 50 g, Farbe 001 (Weiß) 50 g
Rico Häkelnadel 4 mm

GRUNDMUSTER
STÄBCHEN

MASCHENPROBE IM GRUNDMUSTER
24 M und 8 R = 10 x 10 cm

ANLEITUNG (2X HÄKELN)
4 LM + 2 Wende-LM mit Gelb anschlagen und wie folgt häkeln: **1. R:** 4 Stb arbeiten. **2. R:** Die erste M verdoppeln = 5 M. **3. R:** Die letzte M verdoppeln = 6 M. **4. R:** Die erste M verdoppeln = 7 M. **5. R:** In die letzte M 3 Stb häkeln = 9 M. **6. R:** Die letzte M verdoppeln = 10 M. **7. R:** In die letzte M 3 Stb häkeln = 12 M. **8. R:** Die letzten beiden M zus. abm. = 11 M. **9. R:** Die ersten beiden M zus. abm. = 10 M. **10. R:** Ohne Abnahmen Stb häkeln. **11. R:** Die letzte M verdoppeln = 11 M. **12. R:** Die erste M verdoppeln, die letzten beiden M zus. abm. = 11 M. **13. R:** Die ersten beiden M zus. abm., 4 Stb arbeiten, zu Weiß wechseln und die letzte M verdoppeln = 11 M. **14. R:** Die letzten beiden M zus. abm. = 10 M.
15. R: Die ersten beiden M zus. abm., die letzte M verdoppeln = 10 M. **16. R:** Die letzten beiden M zus. abm. = 9 M. **17. R:** Die ersten beiden M zus. abm. = 8 M. **18. R:** Die letzten beiden M zus. abm. = 7 M.
19. R: Die ersten beiden M zus. abm. = 6 M.
20. R: Die ersten und letzten beiden M zus. abm. = 4 M. **21. R:** Jeweils 2 M zus. abm. = 2 M. Den Faden abschneiden und durch die letzte M ziehen. Für die umgeschlagene Bananenschale beim Farbübergang zur Banane an der unteren Kante mit Gelb 6 fe M heraushäkeln und wie folgt arbeiten: **1. – 6. R:** 2 LM, 6 Stb = 6 M. **7. R:** Die ersten und letzten beiden M zus. abm. = 4 M. **8. R:** Ohne Abnahmen Stb häkeln.
9. R: Jeweils 2 M zus. abm. = 2 M. **10. R:** Die letzten beiden M zus. abm. = 1 M. Den Faden abschneiden und durch die letzte M ziehen. Über die obere Kante genauso arbeiten.

FERTIGSTELLUNG
Die beiden Häkelstücke aufeinander legen und in den jeweils passenden Farben mit KM zusammenhäkeln, dabei die Schale an den Seiten hängen lassen. An der Spitze für den Aufhänger 12 LM in Weiß arbeiten und den Aufhänger mit 1 fe M am Schwamm fixieren. Alle Fäden vernähen. Den Schwamm anfeuchten, in Form ziehen und trocknen lassen.

SPIEGELEI
13 x 14 cm

MATERIAL
Rico Creative Bubble
Farbe 001 (Weiß) 50 g, Farbe 002 (Gelb) 50 g
Rico Häkelnadel 4 mm

GRUNDMUSTER
FESTE MASCHE

MASCHENPROBE IM GRUNDMUSTER
20 M und 22 Rd = 10 x 10 cm

ANLEITUNG
ANLEITUNG GRUNDFORM (2X HÄKELN)
8 fe M mit Weiß in einen Fadenring häkeln, mit 1 KM zur Rd schließen und in Spiralen weiterarbeiten. **1. Rd:** Alle M verdoppeln, d. h. in jede M der Vorrunde 2 fe M häkeln = 16 M. **2. Rd:** Jede 2. M verdoppeln, d. h. in jede 2. M der Vorrunde 2 fe M häkeln = 24 M.
3. Rd: Jede 3. M verdoppeln, d. h. in jede 3. M der Vorrunde 2 fe M häkeln = 32 M. **4. Rd:** Jede 4. M verdoppeln, d. h. in jede 4. M der Vorrunde 2 fe M häkeln = 40 M. **5. Rd:** Jede 5. M verdoppeln, d. h. in jede 5. M der Vorrunde 2 fe M häkeln = 48 M.
6. – 8. Rd: Ohne Zunahmen fe M häkeln. Nun die Form des Eiweiß arbeiten. Dafür über die nächsten 9 M in R wie folgt häkeln: **1. R:** 9 fe M arbeiten. **2. R:** Die ersten und letzten beiden M zus. abm. = 7 M. **3. R:** Die ersten beiden M zus. abm. = 6 M. **4. R:** Die letzten beiden M zus. abm. = 5 M. **5. R:** Ohne Abnahmen fe M häkeln.
6. R: Die ersten und letzten beiden M zus. abm. = 3 M. Die Arbeit beenden. Dann 1 M übergehen und über die nächsten 11 M in R wie folgt häkeln: **1. R:** 11 fe M arbeiten. **2. – 5. R:** Die ersten und letzten beiden M zus. abm. = 3 M. Die Arbeit beenden. Wieder 1 M übergehen und über die nächsten 12 M in R wie folgt häkeln: **1. R:** 12 fe M arbeiten. **2. – 3. R:** Die ersten und letzten beiden M zus. abm. = 8 M. **4. R:** Die ersten beiden M zus. abm., 2 fe M, die nächsten beiden M zus. abm., die nächsten M unbehäkelt lassen und die Arbeit wenden = 4 M. **5. R:** Ohne Abnahmen fe M

häkeln. Die Arbeit beenden. Dann über die nächsten 13 M in R wie folgt häkeln: **1. R:** 13 fe M arbeiten.
2. – 3. R: Die ersten und letzten beiden M zus. abm. = 9 M. **4. R:** Die ersten beiden M zus. abm., die 3. und 4. M zus. abm., 1 fe M, die nächsten beiden M zus. abm. und die letzten beiden M zus. abm. = 5 M. Den Faden abschneiden und durch die letzte M ziehen.
Eidotter
8 fe M mit Gelb in einen Fadenring häkeln und mit 1 KM zur Rd schließen. **1. Rd:** Alle M verdoppeln, d. h. in jede M der Vorrunde 2 fe M häkeln = 16 M. **2. Rd:** Jede 2. M verdoppeln, d. h. in jede 2. M der Vorrunde 2 fe M häkeln = 24 M. **3. Rd:** Jede 3. M verdoppeln, d. h. in jede 3. M der Vorrunde 2 fe M häkeln = 32 M. Den Faden abschneiden und durch die letzte M ziehen.

FERTIGSTELLUNG
Die beiden Häkelstücke (Grundform) aufeinander legen und mit KM in Weiß zusammenhäkeln. Am Rundenende für den Aufhänger 12 LM arbeiten und den Aufhänger mit 1 fe M am Schwamm fixieren. Den Eidotter wie abgebildet aufnähen. Alle Fäden vernähen. Den Schwamm anfeuchten, in Form ziehen und trocknen lassen.

EISKUGEL / SOFTEIS

EISKUGEL
12 x 18 cm

MATERIAL
Rico Creative Bubble
Farbe 010 (Puder) 50 g, Farbe 005 (Melone) 50 g
Wollreste: Farbe 011 (Silber)
Rico Häkelnadel 4 mm

GRUNDMUSTER
FESTE MASCHEN

MASCHENPROBE IM GRUNDMUSTER
20 M und 22 R = 10 x 10 cm

ANLEITUNG (2X HÄKELN)
3 LM + 1 Wende-LM in Puder anschlagen und wie folgt weiterhäkeln: **1. R:** 3 fe M häkeln. **2. R:** Die erste und letzte M verdoppeln = 5 M. **3. – 4. R:** Ohne Zunahmen fe M häkeln. **5. R:** Die erste und letzte M verdoppeln = 7 M. **6. – 7. R:** Ohne Zunahmen fe M häkeln. **8. R:** Die erste und letzte M verdoppeln = 9 M. **9. – 10. R:** Ohne Zunahmen fe M häkeln. **11. R:** Die erste und letzte M verdoppeln = 11 M. **12. – 13. R:** Ohne Zunahmen fe M häkeln. **14. R:** Die erste und letzte M verdoppeln = 13 M. **15. – 16. R:** Ohne Zunahmen fe M häkeln. **17. R:** Die erste und letzte M verdoppeln = 15 M. **18. – 19. R:** Ohne Zunahmen fe M häkeln. **20. R:** Die erste und letzte M verdoppeln = 17 M. **21. – 22. R:** Ohne Zunahmen fe M häkeln. **23. R:** Die erste und letzte M verdoppeln = 19 M. **24. – 25. R:** Ohne Zunahmen fe M häkeln. **26. R:** Die erste und letzte M verdoppeln = 21 M. **27. – 28. R:** Ohne Zunahmen fe M häkeln. Den Faden abschneiden und durch die letzte M ziehen. Zu Melone wechseln und wie folgt häkeln:
1. R: 1 M übergehen, die nächste M verdoppeln, 17 fe M häkeln, die nächste M verdoppeln, Arbeit wenden = 21 M. **2. – 3. R:** Ohne Zunahmen fe M häkeln. **4. R:** Die erste und letzte M verdoppeln = 23 M. **5. R:** Ohne Zunahmen fe M häkeln. **6. R:** Die erste und letzte M verdoppeln = 25 M. **7. – 10. R:** Ohne Zunahmen fe M häkeln. **11. – 17. R:** Die ersten beiden und letzten beiden M zus. abm. = 11 M. **18. R:** Die ersten beiden M zus. abm., *1 fe M , die nächsten beiden M zus. abm.; ab * fortl. wdh. = 7 M. **19. R:** Die ersten 3 M zus. abm., 1 fe M, die nächsten 3 M zus. abm. = 3 M. Den Faden abschneiden und durch die letzte M ziehen.

FERTIGSTELLUNG
Die beiden Häkelstücke aufeinander legen, in den jeweils passenden Farben mit KM zusammenhäkeln und wie abgebildet beidseitig mit Silber besticken. An der Eis Kugel für den Aufhänger 12 LM in Melone arbeiten und den Aufhänger mit 1 fe M am Schwamm fixieren. Alle Fäden vernähen. Den Schwamm anfeuchten, in Form ziehen und trocknen lassen.

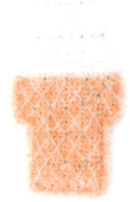

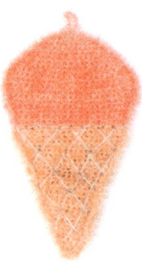

SOFTEIS
10 x 20 cm

MATERIAL
Rico Creative Bubble
Farbe 010 (Puder) 50 g, Farbe 001 (Weiß) 50 g
[Farbe 010 (Puder) 50 g, Farbe 003 (Rosa) 50 g]
Wollreste: Farbe 011 (Silber)
Rico Häkelnadel 4 mm

GRUNDMUSTER
FESTE MASCHEN

MASCHENPROBE IM GRUNDMUSTER
20 M und 22 R = 10 x 10 cm

ANLEITUNG (2X HÄKELN)
14 LM + 1 Wende-LM in Puder anschlagen und wie folgt weiterhäkeln: **1. – 13. R:** Fe M häkeln.
14. R: 14 fe M, am Reihenende 3 LM + 1 Wende-LM neu anschlagen = 17 M. **15. R:** 17 fe M, am Reihenende 3 LM + 1 Wende-LM neu anschlagen = 20 M. **16. – 23. R:** Fe M häkeln. Den Faden abschneiden und durch die letzte M ziehen. Zu Weiß (Rosa) wechseln und wie folgt häkeln: **1. R:** 2 M übergehen, die nächste M verdoppeln, 14 fe M häkeln, die nächste M verdoppeln und die Arbeit wenden = 18 M. **2. – 3. R:** Die erste und letzte M verdoppeln = 22 M. **4. R:** Ohne Zunahmen fe M häkeln. **5. – 8. R:** Die ersten beiden und letzten beiden M zus. abm. = 14 M. **9. – 10. R:** Die erste und letzte M verdoppeln = 18 M. **11. R:** Ohne Zunahmen fe M häkeln. **12. – 15. R:** Die ersten beiden und letzten beiden M zus. abm. = 10 M. **16. – 17. R:** Die erste und letzte M verdoppeln = 14 M. **18. R:** Ohne Zunahmen fe M häkeln. **19. – 20. R:** Die ersten und letzten beiden M zus. abm. = 10 M. **21. R:** Die ersten beiden M zus. abm., 3 fe M und die Arbeit wenden = 4 M. **22. R:** Die letzten beiden M zus. abm. = 3 M. **23. R:** Die ersten beiden M zus. abm., die letzte M verdoppeln = 3 M. Den Faden abschneiden und durch die letzte M ziehen.

FERTIGSTELLUNG
Die beiden Häkelstücke aufeinander legen, in den jeweils passenden Farben mit KM zusammenhäkeln und wie abgebildet beidseitig mit Silber besticken. An der Eisspitze für den Aufhänger 12 LM in Weiß (Rosa) arbeiten und den Aufhänger mit 1 fe M am Schwamm fixieren. Alle Fäden vernähen. Den Schwamm anfeuchten, in Form ziehen und trocknen lassen.

PFIRSICH / ZITRONE

PFIRSICH

12 x 15 cm

MATERIAL

Rico Creative Bubble
Farbe 005 (Melone) 50 g, Farbe 009 (Grün) 50 g
Rico Häkelnadel 4 mm

GRUNDMUSTER
STÄBCHEN

MASCHENPROBE IM GRUNDMUSTER

24 M und 8 Rd = 10 x 10 cm

ANLEITUNG

7 Stb mit Melone in einen Fadenring häkeln, mit 1 KM zur Rd schließen und in Spiralen weiterarbeiten.
1. Rd: Alle M verdoppeln, d. h. in jede M der Vorrunde 2 Stb häkeln = 14 M. **2. Rd:** Alle M verdoppeln, d. h. in jede M der Vorrunde 2 Stb häkeln = 28 M.
3. Rd: Ohne Zunahmen Stb häkeln. **4. Rd:** Jede 2. M verdoppeln, d. h. in jede 2. M der Vorrunde 2 Stb häkeln = 42 M. **5. Rd:** Ohne Zunahmen Stb häkeln.
6. Rd: Jede 6. M verdoppeln, d. h. in jede 6. M der Vorrunde 2 Stb häkeln = 49 M. **7. – 8. Rd:** Ohne Zunahmen Stb häkeln. **9. Rd:** Jede 6. und 7. M zus. abm. = 42 M. **10. Rd:** Ohne Abnahmen Stb häkeln.
11. Rd: Jede 2. und 3. M zus. abm. = 28 M.
12. Rd: Jeweils 2 M zus. abm., die Rd mit 1 KM schließen = 14 M. Zu Grün wechseln. Für das große Blatt ab jetzt über die nächsten 3 M mit Stb in R arbeiten. **1. R:** 2 LM, 3 Stb häkeln. **2. R:** 2 Wende-LM, die erste und letzte M verdoppeln = 5 M.
3. R: 2 Wende-LM, ohne Zunahmen Stb häkeln.
4. R: 2 Wende-LM, die ersten und letzten beiden M zus. abm. = 3 M. **5. R:** 2 Wende-LM, 3 M zus. abm. = 1 M. Faden abschneiden und durch die letzte M ziehen. 1 M freilassen und das kleine Blatt wie folgt häkeln. **1. R:** 2 LM, 2 Stb häkeln. **2. R:** 2 Wende-LM, alle M verdoppeln = 4 M. **3. – 4. R:** 2 Wende-LM, jeweils 2 M zus. abm. = 1 M. Faden abschneiden und durch die letzte M ziehen. Die zweiten Hälften der Blätter auf der gegenüberliegenden Seite gegengleich arbeiten.

FERTIGSTELLUNG

Jeweils die beiden Hälften der Blätter aufeinanderlegen und mit KM in Grün zusammenhäkeln. Für den Aufhänger neben den Blättern des Pfirsichs in Grün 12 LM häkeln. Den Aufhänger mit 1 fe M fixieren. Alle Fäden vernähen. Den Schwamm anfeuchten, in Form ziehen und trocknen lassen.

ZITRONE

11 x 18 cm

MATERIAL

Rico Creative Bubble
Farbe 002 (Gelb) 50 g, Farbe 009 (Grün) 50 g
Rico Häkelnadel 4 mm

GRUNDMUSTER
STÄBCHEN

MASCHENPROBE IM GRUNDMUSTER

24 M und 8 Rd = 10 x 10 cm

ANLEITUNG

7 Stb mit Gelb in einen Fadenring häkeln, mit 1 KM zur Rd schließen und in Spiralen weiterarbeiten.
1. Rd: Alle M verdoppeln, d. h. in jede M der Vorrunde 2 Stb häkeln = 14 M. **2. Rd:** Ohne Zunahmen Stb häkeln. **3. Rd:** Alle M verdoppeln, d. h. in jede M der Vorrunde 2 Stb häkeln = 28 M. **4. Rd:** Ohne Zunahmen Stb häkeln. **5. Rd:** Jede 2. M verdoppeln, d. h. in jede 2. M der Vorrunde 2 Stb häkeln = 42 M. **6. – 10. Rd:** Ohne Zunahmen Stb häkeln.
11. Rd: Jede 2. und 3. M zus. abm. = 28 M.
12. Rd: Ohne Abnahmen Stb häkeln. **13. Rd:** Jeweils 2 M zus. abm. = 14 M. **14. Rd:** Ohne Abnahmen Stb häkeln. **15. Rd:** Jeweils 2 M zus. abm., die Rd mit 1 KM schließen = 7 M. Zu Grün wechseln. Für das

Blatt ab jetzt über die nächsten 3 M mit Stb in R arbeiten. **1. R:** 2 LM, 3 Stb häkeln. **2. R:** 2 Wende-LM, die erste und letzte M verdoppeln = 5 M.
3. R: 2 Wende-LM, ohne Zunahmen Stb häkeln.
4. R: 2 Wende-LM, die ersten und letzten beiden M zus. abm. = 3 M. **5. R:** 2 Wende-LM, 3 M zus. abm. = 1 M. Faden abschneiden und durch die letzte M ziehen. Die zweite Hälfte des Blattes auf der gegenüberliegenden Seite ebenso arbeiten.

FERTIGSTELLUNG

Die beiden Hälften des Blattes aufeinanderlegen und mit KM in Grün zusammenhäkeln. Für den Aufhänger neben dem Blatt der Zitrone in Grün 12 LM häkeln. Den Aufhänger mit 1 fe M fixieren. Alle Fäden vernähen. Den Schwamm anfeuchten, in Form ziehen und trocknen lassen.

MELONEN

GRÖSSE
9 x 19 cm

MATERIAL
Rico Creative Bubble
Farbe 005 (Melone) 50 g, Farbe 009 (Grün) 50 g
[Farbe 004 (Pink) 50 g, Farbe 009 (Grün) 50 g]
Wollreste Farbe 012 (Schwarz)
Rico Häkelnadel 4 mm

GRUNDMUSTER
FESTE MASCHEN

MASCHENPROBE IM GRUNDMUSTER
20 M und 22 Rd = 10 x 10 cm

ANLEITUNG
5 fe M mit Melone (Pink) in einen Fadenring häkeln,
mit 1 KM zur Rd schließen und in Spiralen weiter-
arbeiten. **1. Rd:** Alle M verdoppeln, d. h. in jede M
der Vorrunde 2 fe M häkeln = 12 M. **2. Rd:** Alle M
verdoppeln, d. h. in jede M der Vorrunde 2 fe M
häkeln = 24 M. **3. Rd:** Ohne Zunahmen fe M häkeln.
4. Rd: Jede 2. M verdoppeln, d. h. in jede 2. M
der Vorrunde 2 fe M häkeln = 36 M. **5. Rd:** Ohne
Zunahmen fe M häkeln. **6. Rd:** Jede 2. M verdop-
peln, d. h. in jede 2. M der Vorrunde 2 fe M häkeln
= 54 M. **7. – 9. Rd:** Ohne Zunahmen fe M häkeln.
10. Rd: Jede 3. M verdoppeln, d. h. in jede 3. M
der Vorrunde 2 fe M häkeln = 72 M.
11. – 13. Rd: Ohne Zunahmen fe M häkeln und
die Rd mit 1 KM schließen. Zu Grün wechseln.
14. – 15. Rd: 2 LM, ohne Zunahmen hStb häkeln
und die Rd mit 1 KM schließen. Den Faden
abschneiden und durch die letzte M ziehen.

FERTIGSTELLUNG
Die Kerne in Schwarz wie abgebildet oder beliebig
aufsticken. Das Häkelstück zur Hälfte legen und
die Seite mit KM in Grün zusammenhäkeln. Für
den Aufhänger an einer Spitze der Wassermelone
12 LM häkeln. Den Aufhänger mit 1 fe M an der
Wassermelone fixieren. Alle Fäden vernähen. Den
Schwamm anfeuchten, in Form ziehen und trocknen
lassen.

CREATIVE BUBBLE

100 % Polyester
50 g ~ 90 m

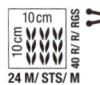

weiß
383208.001

gelb
383208.002

rosa
383208.003

pink
383208.004

melone
383208.005

rot
383208.006

hellblau
383208.007

mint
383208.008

grün
383208.009

puder
383208.010

silber
383208.011

schwarz
383208.012

ABKÜRZUNGEN

abm.	abmaschen		mm	Millimeter
cm	Zentimeter		R	Reihe(n)
dStb	doppelte(s) Stäbchen		Rd	Runde(n)
fe	feste		Rückr.	Rückreihe
fortl.	fortlaufend		Stb	Stäbchen
hStb	halbe(s) Stäbchen		Vorrd.	Vorrunde
KM	Kettmasche(n)		wdh.	wiederholen
LM	Luftmasche(n)		Zun.	Zunahme(n)
M	Masche(n)		zus.	zusammen
m	Meter